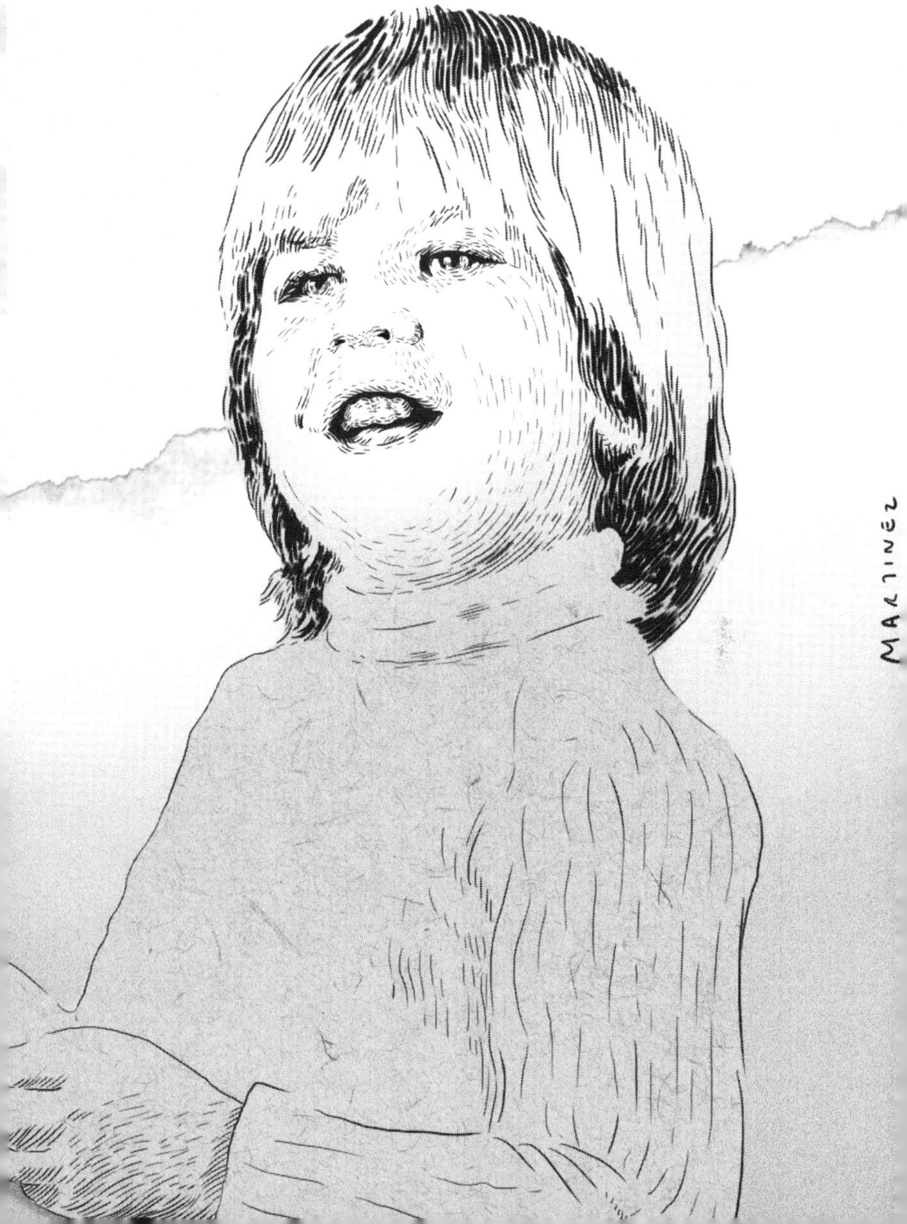
MARTINEZ

ME ACUERDO

Martín Kohan

ISBN 978-84-19990-36-5

1. Literatura Argentina. 2. Memoria Autobiográfica. I. Título.
CDD 808.8035

Corrección Hernán López Winne
Diseño de tapa e interiores Víctor Malumián
Ilustración de Martín Kohan Juan Pablo Martínez

© Ediciones Godot
www.edicionesgodot.com.ar
info@edicionesgodot.com.ar
Facebook.com/EdicionesGodot
Twitter.com/EdicionesGodot
Instagram.com/EdicionesGodot
Buenos Aires, Argentina, 2023

Impreso en España
Artes Gráficas Cofás, S.A,
Móstoles, Madrid, mayo de 2023

Para Marina, mi hermana

Un libro digno de ser copiado

L A REMERA AZUL Y blanca, a rayas horizontales, que no me quise sacar durante todo el mes de vacaciones, ni siquiera para entrar al río.

～

El chofer del micro escolar se llamaba Sursolo.

～

Sursolo era hincha de Platense.

～

Un día Sursolo le preguntó a la chica que nos ayudaba a subir y bajar del micro si el vestido que tenía puesto mi mamá le gustaba.

La chica contestó que no. Sursolo agregó que a él tampoco.

A la casa de mis abuelos en Córdoba, donde pasábamos las vacaciones, se bajaba por una pendiente lateral. Los escalones de bajada eran largos, había que dar dos pasos en cada uno. A menos que se los bajara corriendo, que era lo que hacía yo al llegar. Entonces se apoyaba un pie en cada uno solamente.

∽

El pueblo de Córdoba donde pasé las vacaciones de mi infancia se llama La Serranita.

∽

En La Serranita había un borracho crónico que deambulaba por las calles del pueblo.

Se llamaba Patiño.

A todo el que lo saludaba: "¡Adiós, Patiño!", él le respondía: "Patiño se murió".

∽

La vendedora de huevos de La Serranita se llamaba Juana. Pasaba por las casas. El perro que la acompañaba se llamaba Fabián.

Vacaciones en La Serranita, Córdoba [febrero de 1977]

La Serranita tenía una especie de intendente. Se llamaba Stoll. Se lo mencionaba siempre como "el señor Stoll".

Era el que se ocupaba de apagar todas las luces del pueblo cada noche. Yo lo admiraba muchísimo por eso, la importancia de esa tarea, el poder que suponía.

~

El señor Stoll era muy probablemente un nazi refugiado, pero en mi familia jamás se mencionó el tema.

~

La empresa de micros con la que viajábamos cada año a La Serranita se llamaba "Colta". Quebró hace años.

~

Los micros de larga distancia eran de "simple camello" o de "doble camello", según tuvieran uno o dos desniveles en el techo.

Me llenaba de euforia que nos tocara un micro de "doble camello" para el viaje.

~

Para un baile de carnaval, me puse guantes de arquero y buzo de arquero y rodilleras de arquero. No obstante, por la calle, una chica me paró para preguntarme de qué me había disfrazado.

⌀

El lugar de diversión en La Serranita se llamaba "El capricho rojo". Después le cambiaron el nombre y le pusieron "El capricho verde".

⌀

Mis padres ganaron el primer premio del concurso de baile de "El capricho rojo", en la sección "rock and roll".

⌀

Patiño era radical.

Un día le ofrecieron una botella de vino tinto de regalo, a sabiendas de que era alcohólico, siempre y cuando antes dijera: "¡Viva Perón!".

Patiño se negó terminantemente.

La anécdota se contaba en mi familia como cosa divertida.

⌀

Mi novia de La Serranita se llamaba Mariquel.

El noviazgo se selló con un beso en la mejilla.

～

Mariquel era adoptada.

Su cumpleaños se festejaba en la fecha de adopción: 24 de octubre.

～

Mariquel usaba una malla roja enteriza.

～

El padre de Mariquel tenía un almacén sobre la calle principal. Se llamaba Castro.

～

Mi bobe no quería que mi hermana y yo nos viéramos con Mariquel. Decía que tenía piojos.

～

Mariquel, a veces, tenía piojos. Una vez nos los contagió.

～

Mi novia de jardín de infantes se llamaba Andrea Socolosky.

Revista *Gente* [3 de agosto de 1972]

Una tarde, en gimnasia, la actividad fue correr carreras.

Me tocó correr con Andrea Socolosky.

Empatamos.

Mi novia del micro escolar se llamaba Silvina Cosin.

El padre de Silvina Cosin tenía un Torino de color azul.

Silvina Cosin dio por terminado el noviazgo haciéndome, desde la parte delantera del micro, el gesto de dedos que se desenganchan.

Mi hermana, que estaba conmigo en la parte trasera del micro, me explicó lo que ese gesto significaba.

La hermanita menor de Silvina Cosin se llamaba Tamara.

Un día en el micro le apreté fuerte una oreja.

Me llevaron a hablar con la directora del colegio.

～

Silvina Cosin vivía en la calle Vuelta de Obligado.

～

Mi mejor amigo del colegio se llamaba Néstor
Frenkel.

～

El padre de Néstor Frenkel tenía un Ford
Fairlane.

～

El número de teléfono de Néstor Frenkel era
783-0448.

～

Néstor Frenkel tenía tres hermanas mayores:
Alicia, Noemí y Beatriz.
Cuando iba de visita a su casa y Noemí no estaba,
yo sentía que la visita no tenía ningún sentido.

～

Néstor Frenkel era hincha de Independiente,
igual que Hernán Horischnik y Eduardo Gottlieb.

∽

El padre de Eduardo Gottlieb era médico.

∽

Eduardo Gottilieb me hizo conocer la canción "Escuela", de Supertramp.

∽

Eduardo Gottlieb tenía una hermana más chica que se llamaba Débora.

∽

Eduardo Gottlieb le hizo creer a su hermana más chica que la palabra "monstruosity", cantada por Queen en *Rapsodia bohemia*, significaba en inglés "Débora tonta".

∽

Néstor Frenkel vivía en la calle Virrey del Pino.

∽

Las venecitas verdes de las paredes del colegio David Wolfsohn.

En un recreo en el patio del colegio David Wolfsohn, pateé desde la mitad de la cancha y la pelota pegó en el travesaño.

En el colegio David Wolfsohn nos hacían usar guardapolvos grises. Después los cambiaron por guardapolvos verdes.

Los chicos de otros colegios se burlaban de los guardapolvos verdes del colegio David Wolfsohn.

Durante un tiempo me ubicaba dentro del arco en los partidos de fútbol de los recreos del colegio David Wolfsohn, para dedicarme a salvar goles.

Un día mi papá tuvo que ir al colegio David Wolfsohn a hacer un trámite. Se asomó al patio y me vio en mi función de salvador de goles.

A la noche en mi casa me preguntó por qué no jugaba como todos los otros chicos.

Néstor Frenkel iba al Club Náutico Buchardo.

❧

Un día en el colegio David Wolfsohn dejamos atado en un banco a Sergio Moguilevsky para que no pudiera salir al recreo y se lo perdiera.

Tratando de zafarse, cayó de costado y se golpeó.

❧

El moré de gimnasia del grupo A en el colegio David Wolfsohn se llamaba Carlos.

El moré de gimnasia del grupo B se llamaba Pablo.

Al moré Carlos yo le tenía mucho miedo. Por eso prefería estar en el grupo B, aunque los buenos en gimnasia estaban en el grupo A.

En sexto grado me pasaron del grupo B al grupo A.

❧

En séptimo grado me gustaba Dorita Stiberman. Me le tiré y me dijo que no.

❧

La madre de Dorita Stiberman murió.

Abanderado [1977]

～

Dorita Stiberman vivía en la calle Carlos Pellegrini.

～

Dorita Stiberman y Néstor Frenkel se pusieron de novios bailando *Chiquitita* de ABBA, versión en inglés.

～

Dorita Stiberman y Néstor Frenkel eran novios pero no chapaban.

～

Sammy, de séptimo B, trajo de Estados Unidos un muñeco móvil de *El hombre nuclear*.

～

Le robé figuritas a Sammy de séptimo B, jugando al chupi en un recreo en el colegio David Wolfsohn.

～

Discutí con Néstor Frenkel si lo correcto era decidir "inodoro" o "ninodoro".
Yo decía que "ninodoro".

＄

Estaba terminantemente prohibido deslizarse por las barandas de las escaleras del Colegio David Wolfsohn.

＄

Entre los juegos del patio de la planta baja del Colegio David Wolfsohn había un caño para agarrarse y bajar.

Yo no me animaba a usarlo.

＄

En un recreo durante tercer grado me hice un poco de caca.

La dejé salir por la botamanga del pantalón y me alejé del lugar.

＄

En una hora libre, con el patio completamente vacío, probé a tirarme del caño que había en los juegos de la planta baja.

Me agarré mal, caí demasiado rápido y me golpeé.

＄

El moré Carlos tenía rulos y bigote.

La morá Susana no me quería.

La tuve en sexto grado, daba Ciencias Sociales.

～

Los cuadernos de la mañana se forraban con papel araña de color azul. Los cuadernos de la tarde se forraban con papel araña de color verde.

～

La lapicera que yo usaba en el Colegio David Wolfsohn era una Astor 303.

Les pedí una Parker a mis padres, era la que usaban casi todos mis compañeros. Me compraron una Sheaffer.

～

Las baldosas grises y rugosas del patio del Colegio David Wolfsohn.

～

El equipo de gimnasia que yo usaba en el Colegio David Wolfsohn no tenía ninguna marca. Lo comprábamos en Eduardo Sport, de la avenida Santa Fe, en Pacífico.

En séptimo grado les pedí a mis padres que me compraran un equipo Adidas, que era el que usaban casi todos mis compañeros. Me compraron un equipo Topper.

⌒

A la tarde en el Colegio David Wolfsohn yo me llamaba Yaakov.

A la mañana me llamaba Martín, igual que ahora.

⌒

A la vuelta del Colegio David Wolfsohn, sobre la calle Quesada, había un almacén llamado "Salo".

⌒

En "Salo" probé el Cabsha. Me gustó, comí veinte seguidos y sufrí una pateadura de hígado.

⌒

Los chicos de la cuadra eran: Hernán Pablo y Hernán del fondo, Hernán de al lado, Martín de enfrente, Mariano y Diego de enfrente, Luisito de la vuelta.

El padre de Hernán Pablo y Fabián tenía un Fiat 1500.
El padre de Hernán de al lado tenía un Fiat 128.
El padre de Luisito tenía un Ford Falcon.

∽

La hermana de Hernán de al lado se llamaba Eleonora.
La hermana de Luisito de la vuelta se llamaba Ana Paula.
La hermana de Martín de enfrente se llamaba Mariana.
La hermana de Diego y Mariano se llamaba Florencia.

∽

Diego de enfrente tenía un defecto en un ojo.

∽

Fabián del fondo se hizo hincha de Chacarita Juniors por admiración a Carlitos Balá.

∽

De visita para almorzar en lo de Hernán de al lado, comí ocho milanesas.

Más tarde mi mamá tocó el timbre para disculparse.

Gustavito, de la vuelta, a veces también jugaba con nosotros.

~

Marcelo vivía en la misma cuadra, pero no jugaba con nosotros.

~

El almacén de enfrente.
La peluquería de la esquina.
La panadería de la vuelta.
El garaje a mitad de cuadra.

~

En una proyección en el Colegio Cullen, vi *Los intrépidos y sus máquinas voladoras*.

~

Mariano de la otra cuadra era amigo de la cuadra también.

~

Hernán de al lado se puso a llorar cuando se enteró de que yo era judío.

Mi primera bicicleta era roja.
La segunda era amarilla.

∽

La muñeca a la que llevaba a pasear en la parte trasera de mi bicicleta roja se llamaba Margarita.

∽

La bicicleta amarilla fue comprada con dinero que yo había ganado haciendo publicidades en la televisión. Con el resto del dinero nunca supe qué pasó.

∽

Luisito de la vuelta fue el primero en tener televisión a color en su casa.

∽

La mamá de Hernán Pablo y Fabián del fondo se quedaba planchando hasta altas horas de la noche, y cantaba mientras lo hacía.

∽

No teníamos teléfono en casa.
Pedíamos prestado el de los vecinos del fondo.

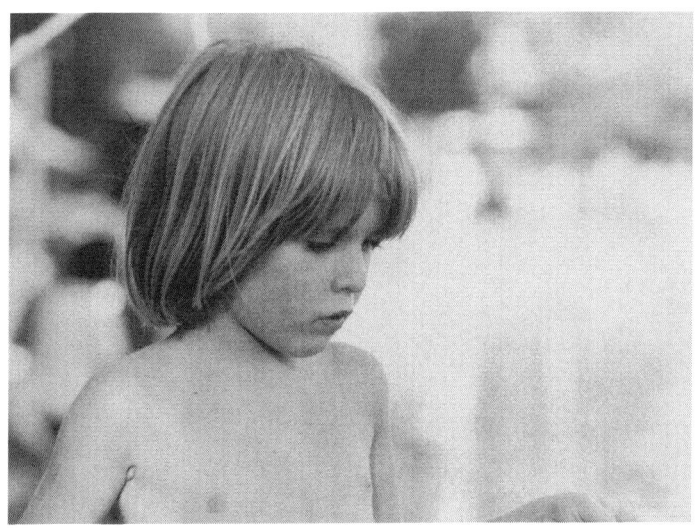

[1973]

El número era 70-9188.
Teníamos que hablar delante de ellos.

∽

La bicicleta del heladero de Laponia.
La bicicleta del repartidor de diarios.

∽

Mi novia de la cuadra se llamaba Marian.
Era la prima de Hernán de al lado.
Vivía en Lanús.

Nos veíamos cuando venía a visitar a su primo. Y en el verano, que pasaba casi entero en lo de Hernán.

∽

Nos metimos el 3 de septiembre de 1978.

∽

El padre de Marian tenía un Fiat 600 rojo.

∽

El Fiat 600 rojo, estacionado en la cuadra de mi casa, era la señal de que Marian estaba de visita en lo de Hernán.

∽

El primer beso: con Marian.
Fue así: ella apoyó sus labios sobre los míos, y apretó.

∽

Una vez fuimos a Lanús con mis padres y mi hermana, a visitar a unos conocidos de mi papá.
Yo estaba seguro de que me iba a encontrar con Marian. Pero no, no la vi.

Marian usaba una campera de gimnasia azul, con una tira celeste en los brazos.

A la abuela de Marian (y de Hernán) no le gustaba que ella dijera que estaba de novia conmigo. Me parece que era porque soy judío.

Marian cumplía años el 21 de julio.
Un día antes que Néstor Frenkel, mi mejor amigo del grado.

Nunca me animé a preguntarle a Hernán de al lado cuándo iba a venir de visita Marian.

Dejé a Marian cuando descubrí que me gustaba Dorita Stiberman. Fue antes de declararme y que ella me dijera que no.

~

Mi primer beso de lengua: con Marian.

Trepados a un árbol, frente a la casa abandonada de la vuelta.

No me lo esperaba en absoluto.

~

El panadero de la vuelta me echó de la panadería, porque yo había ido a comprar el pan vestido de jugador de Boca. Volví a mi casa con la bolsa vacía.

Mi mamá acudió de inmediato a quejarse.

~

En Nochebuena podíamos jugar a la pelota en la vereda hasta muy tarde, porque todo el mundo estaba despierto.

A las doce cada cual entraba a su casa, para el brindis.

Yo me quedaba esperando solo, en la vereda, con la pelota.

A eso de las doce y cuarto, todos los chicos volvían a salir.

~

Ni a mi hermana ni a mí Papa Noel nos traía nada.

Pero los Reyes Magos sí. Y en general, regalos mejores que los de los otros chicos de la cuadra.

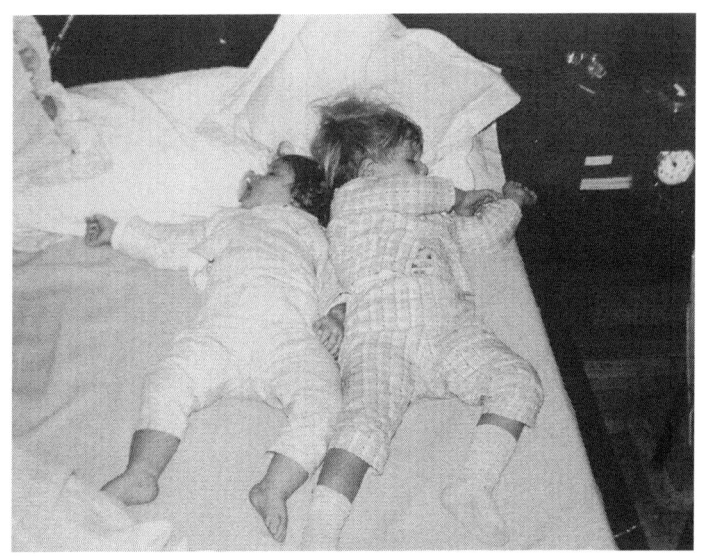

[1970]

⌒

Hernán de al lado era Starsky, y yo era Hutch.

Excepto cuando salíamos a andar en bicicleta, que éramos Chips.

⌒

El desnivel entre la vereda de mi casa y la vereda de la casa de Hernán de al lado. Andando en bicicleta se lo sentía.

～

La noche en que pusieron el nuevo sistema de iluminación de calles en la esquina de mi casa.

～

El día en que la calle de mi casa dejó de ser de doble mano y pasó a ser de dirección única: desde Jaramillo hacia Republiquetas.

～

Los nuevos carteles con el nombre de la calle no decían "11 de septiembre", como los viejos, sino "11 de setiembre". Eran negros y no azules.

～

Los sábados a la mañana tenía clase de guitarra. Durante la clase, desde mi pieza, se oía a los chicos de la cuadra jugando en la vereda. Seguían el partido que yo había tenido que dejar.

～

A veces la profesora de guitarra se ponía a tocar y a cantar muy bien la misma canción que yo acababa de tocar y cantar muy mal. Yo sentía mucha culpa. Ahora pienso que lo hacía a modo de desagravio.

〜

Las clases de guitarra me pesaban más que las de la escuela.

〜

La nota que más me costaba era el fa mayor.

〜

Mi hermana tocaba la guitarra mucho mejor que yo. En las reuniones familiares, era a ella, y no a mí, a quien le pedían que tocara.

Pero ella no parecía disfrutarlo.

〜

La zamba que dice: "Yo sé que no vuelve más / el verano en que me amabas", la cantaba pensando en Marian, porque éramos novios más que nada durante las vacaciones.

〜

Mi papá a veces ponía música y tocaba el bongó.

Mi mamá protestaba. "Él descarga tensiones", decía, "pero yo cargo".

Si repetía la frase, mi papá apagaba la música, dejaba el bongó y se encerraba en su habitación, en general dando un portazo.

∽

Durante un año, los sábados a la mañana, tuve clases de tenis en el club Municipalidad.

Mi profesor se llamaba Purita.

∽

Las clases de tenis me pesaban más que las clases de la escuela.

∽

Una vez me escapé de la clase de tenis.

Salí desde mi casa hacia el club, pero, una vez que di vuelta la esquina, me fui a caminar por ahí.

∽

Una vez mi mamá me sacó de casa golpeándome en la espalda con la raqueta, porque yo me negaba a ir a la clase de tenis.

～

A veces íbamos con mi papá a jugar al tenis al club Municipalidad.

Él exigía que jugáramos por jugar, y se enojaba cuando se daba cuenta de que yo estaba contando los puntos.

～

Yo pegaba el revés con dos manos. Lo hacía así porque me faltaba fuerza para hacerlo con una sola, pero decía que lo hacía para imitar a Jimmy Connors.

～

Al menos una vez, jugando al tenis con mi papá, tiré la pelota demasiado alta, pasó por arriba del alambrado y fue a parar a la Avenida del Libertador.

Mi papá me mandó a buscarla.

～

Nuestras pelotas de tenis eran marca Dunlop.

～

Nuestra guitarra había sido comprada en Antigua Casa Núñez.

El profesor Purita le dijo a mi mamá que yo tenía condiciones para el tenis.

La noticia me aterró.

En el club Municipalidad se practicaban todos los deportes, con excepción del fútbol, que no había.

Hernán de al lado iba al club Municipalidad a jugar al hockey sobre césped. Jugaba bien y le gustaba. Mi mamá lo ponía como ejemplo para mis clases de tenis.

Un verano me mandaron a la colonia de vacaciones del club Municipalidad. Sentí ganas de llorar cada uno de esos días. Y un día no pude más y lloré, escondido en el vestuario del gimnasio central.

En la merienda de la colonia de vacaciones del club Municipalidad nos daban un pebete de jamón y queso.

Después de eso, nos íbamos a casa.

～

El moré Pablo, del colegio David Wolfsohn, trabajaba en el club Municipalidad. Yo sentía un gran ali-
vio cuando lo veía.

Un día me saludó y a mí me reconfortó saber que
me recordaba, que me reconocía.

～

Yo tenía una carpa de indios.

A veces el juego consistía en meterse ahí e imagi-
nar que vivía solo, y no en mi casa con mi familia.

～

Tenía un karting con carrocería.

Se le abría la puerta del lado de la izquierda, también se le abría el baúl.

Era rojo.

～

Un día le presté el karting a Luisito de la vuelta.
Anduvo un rato y de pronto dijo que no se iba a bajar
ni me lo iba a devolver.

Con los otros chicos de la cuadra, levantamos el
karting y lo dimos vuelta, para hacer que Luisito cayera
al suelo.

Luisito de la vuelta un día me dijo "judío de mierda".

Luisito de la vuelta vino a tocar el timbre a mi casa para pedir disculpas por haberme dicho "judío de mierda". Yo le dije que no podía disculparlo, pero que igual íbamos a seguir siendo amigos.

Luisito de la vuelta era hincha de River, como el papá.

Y Hernán de al lado también era hincha de River, también como el papá.

A los dos los convencí de que se hicieran hinchas de Boca.

Mi papá era hincha de Argentinos Juniors, porque había vivido en La Paternal.

Yo jugaba al arco con bermudas y con vincha, para imitar a Hugo Gatti.

[1973]

∾

Cuando Hugo Gatti hizo la presentación de su libro *Yo él único*, en la cantina "La Gardeliana" de la Boca, mi papá compró dos entradas y me llevó.

∾

En la cena de presentación del libro *Yo el único*, yo me senté al lado de Hugo Gatti.

En la mesa estaban también el Toti Veglio y Pancho Sa.

Mi papá se sentó, solo, no sé dónde.

∾

Tomé vino tinto durante la cena de presentación de *Yo el único*, porque me lo sirvió Pancho Sa.

Era la primera vez en mi vida que yo tomaba vino, y fue la última.

∾

Los coches que tuvo mi papá: Ford Falcon Futura, Peugeot 504, Peugeot (camioneta), Citroën 3CV (furgoneta), Fiat 128, Volkswagen (cupé), Torino, Renault 11, Ford Taunus.

～

Mi papá usaba una medalla que le habían obsequiado en el Banco Español, nunca se la sacaba. Trabajó muy poco tiempo en el Banco Español, de joven.

～

Mi papá fumaba Particulares. Más adelante, Gitanes. Y más adelante, Parisiennes fuertes.

～

Mi papá usaba desodorante y loción para después de afeitar Old Spice.

～

Mi papá defendía a Stalin, especialmente en sus aspectos represivos.

～

Hicimos un viaje a Carhué, el pueblo donde había nacido mi papá.

Al entrar a un viejo almacén, a mi papá lo confundieron con su papá, con mi abuelo.

❧

Durante aproximadamente un año, mi papá usó barba. Durante aproximadamente dos, peluquín.

❧

Mi papá a mi mamá la llamaba "Gorda", mi mamá a mi papá lo llamaba "Gordo".

❧

Me llevaron a ver *Titanes en el Ring* en el Luna Park. Mi papá me sentó en sus hombros.

❧

Mi primer autógrafo: el de Juan José López, aunque por entonces era jugador de River. Lo encontramos por casualidad en una heladería de la avenida Cabildo y en verdad fue mi mamá la que se le acercó a pedirle la firma, porque yo no me animaba.

❧

Mi papá era vendedor en "Muebles Señorial": Maipú al 600, Vicente López.

∽

Mi papá puso su propia mueblería, "Muebles Are"; en Maipú al 700, Vicente López.

El teléfono era 797-6688.

∽

La tos de fumador de mi papá.

La afonía de fumador de mi papá.

La respiración agitada de fumador de mi papá.

∽

En mi casa estaba el disco de Piero *Para el pueblo lo que es del pueblo*. Estaba prohibido.

∽

Mis padres tenían un conocido que había estado preso por estafas. Un día vino a visitarnos.

∽

El almohadón bordó que mi papá usaba en el Torino para no quedar tan abajo en el asiento.

∽

Mi papá sabía hacer desaparecer una moneda y luego extraerla de la oreja de mi hermana, o de la mía, o de algún amigo que hubiese venido a visitarnos.

∽

A mi mamá le encantaba la cebolla, a mi papá no.
A mi mamá le encantaba la cerveza, a mi papá no.

∽

Mi mamá fumaba cigarrillos Kent.

∽

Mi mamá cree en Dios, mi papá no creía.

∽

Las cenas de Pesaj en la casa de mis abuelos maternos. No tentarse de risa en la parte de los rezos. Fingir que tomaba un sorbo del vino, pero no hacerlo.

∽

Durante el viaje de egresados de séptimo grado en La Falda, Córdoba, me escapé del hotel y me fui solo a caminar a la sierra.

[1971]

Al volver, me compré dos revistas: la *Goles* y *El Gráfico*. Las dos tenían en la tapa a Carlos Damián Randazzo, número nueve de Boca.

∽

Mi perra se llamaba Yenny.

∽

El perro de la vuelta montó a Yenny, o se montó en Yenny, y la preñó.

Yo no lo vi, mi mamá lo contaba, entre risas.

En mi casa había un patio pequeño. Y en el patio pequeño, un gran gomero.

En el verano armábamos una pileta de lona en el patio.

Tenía vértices de metal. Con uno, un día, me hice una raspadura en el pecho.

Un día a mi hermana, para su cumpleaños, le regalaron un pájaro vistosísimo.

Se le escapó a los pocos minutos de haberlo recibido, cuando abrió la puerta de la jaula para darle de comer.

Teníamos un pez que se enfermó y se quedó quieto en el fondo de la pecera. Como en esos días, en España, agonizaba Francisco Franco, ese pez pasó a llamarse "Franco".

El día que Franco murió, en casa se murió el pez.

～

Con el oro de un anillo de mi abuelo paterno, que murió antes de que yo naciera, mandaron a hacer un anillo para mí.

～

Los monólogos de mi papá ante la tumba de mi abuelo, en el cementerio de La Tablada.

Mi inquietud: ¿qué tan abajo estaba enterrado?

～

Un viaje al sur, en carpa.

El lago Huechulafquen.

Un amigo de mi papá tenía un Dodge Polara naranja.

Mi abuela Dina vino con nosotros.

～

En un camping, jugando a que manejaba la furgoneta Citroën de mi papá.

Yo moví la palanca. La furgoneta estaba frenada en cambio, en una pendiente leve.

Se fue hacia atrás. Atrás estaba mi hermana.

La furgoneta la empujó, la hizo caer.

Me bajé y me asomé debajo de la furgoneta. Ahí estaba mi hermana.

Le pregunté si estaba bien.

"Sí", me dijo desde el piso, desde debajo de la furgoneta.

Entonces me fui corriendo y no regresé hasta la noche, que es cuando supuse que el episodio habría sido olvidado.

∽

Cumpleaños de mi hermana.

Mis abuelos maternos le regalan un par de patines Leccese.

Pero traen de regalo un par de patines Leccese también para mí.

Fuerte discusión familiar sobre el tema.

∽

Día de la madre.

Mi papá compra de regalo una cafetera Atma.

Mi mamá se enfurece: dice que eso no es un regalo para ella, dado que él también toma café.

Discuten fuertemente.

∽

Almuerzo en Pippo: mi hermana, mi abuela Dina y yo.

Mi abuela pide ravioles de verdura.

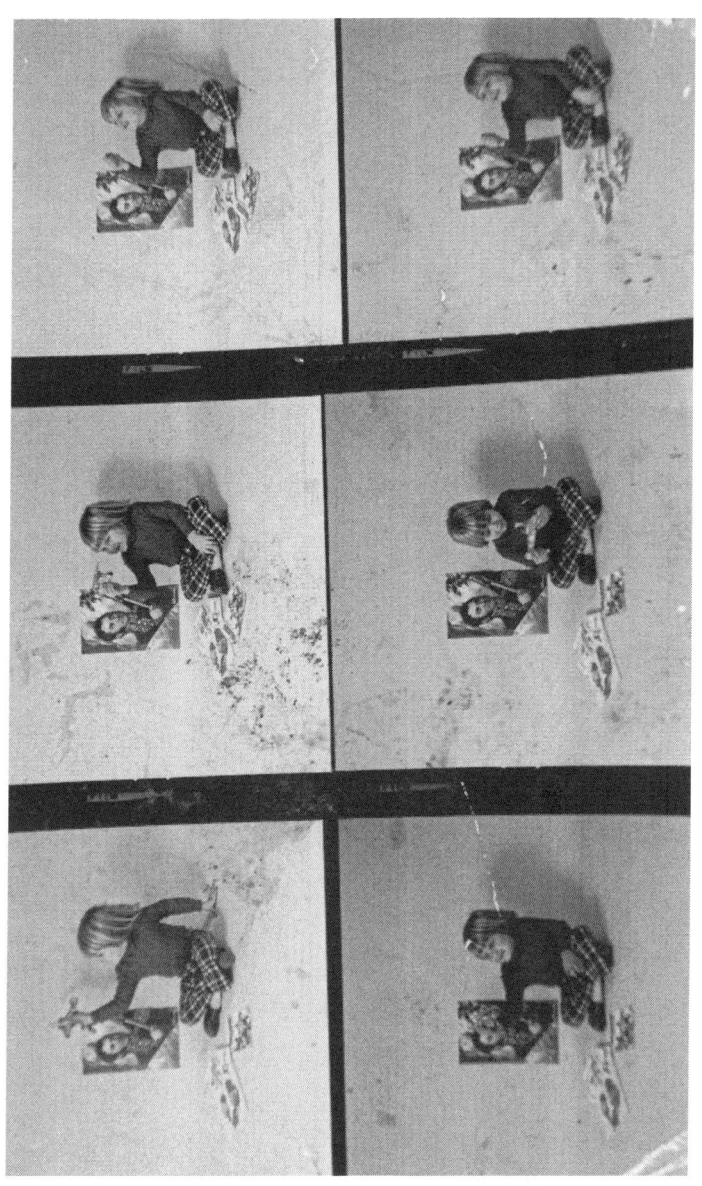

[1972]

Se los traen, los prueba, no le gustan, los devuelve.

Al terminar, larga discusión con el mozo sobre si corresponde o no que los pague.

$$\backsim$$

Preparación de ensalada en La Serranita, unas vacaciones.

Aparece un tomate en mal estado.

Mi bobe lo aparta de la preparación, pero anuncia que se lo va a comer ella.

Fuerte discusión con mi mamá por el tema.

Por fin, mi mamá obliga a su mamá a tirar el tomate en mal estado a la basura.

Mi bobe lo hace, pero meneando la cabeza.

$$\backsim$$

"No me gusta lo que vi", dijo mi abuela Dina, una vez que presenció cómo mi papá me daba una paliza.

$$\backsim$$

Jugamos con mi primo Jorge, durante una reunión familiar en mi casa. El juego se pone algo brusco; él me sujeta por las piernas; yo pateo para soltarme. Pateo con fuerza, lo golpeo. Él se pone a llorar.

Mi primo Jorge es más grande que yo. Yo tendré ocho años, nueve. Él, doce o trece.

Mi papá y mi mamá discuten en el auto.

Es de noche, es muy tarde.

Mi mamá, furiosa, se baja del auto, da un portazo y se va. Se aleja con pasos rápidos. No vuelve.

Como no conozco la ciudad todavía, todos los lugares me parecen alejados de mi casa.

"Se va a tomar un taxi", explica mi papá.

⌇

Mi mamá llega a mi casa aterrada.

En un operativo de control, un grupo de soldados detuvo el colectivo en el que ella venía desde el trabajo (el 15: Puente Uriburu, Benavídez), hizo bajar a todos los pasajeros, apoyar las manos contra la pared, separar las piernas, para revisarlos uno por uno.

⌇

Me pongo las zapatillas sin medias.

En la punta del pie derecho siento algo frío. Pienso que es tierra.

Me saco la zapatilla, la doy vuelta, la sacudo. Cae una araña: grande y negra.

En 1977, mi papá me llevó a la cancha de Boca a ver un partido de la Selección Argentina.

Antes, almuerzo en una cantina de la Boca.

Durante el almuerzo, foto con la Pantera Rosa.

~

En 1976, fuimos a la cancha de Vélez: mi papá, mi mamá, mi hermana y yo.

Boca 5 – Temperley 0.

En una foto de la revista *Goles*, alcanzaba a verse un poco de la cabeza de mi hermana.

A los demás, nos tapaban los jugadores.

~

Mi papá me llevaba a ver a Boca más que nada en partidos tranquilos, en días apacibles.

Sin embargo, un domingo me llevó a ver Boca-Chacarita, en la cancha de Chacarita, bajo una lluvia torrencial, sin que yo se lo pidiera.

~

Mi papá sabía chiflar. Yo no.

~

Una gorra de Boca con la cara de Hugo Gatti, y la leyenda: "El Loco Gatti y su ballet".

~

Mi mamá compraba cacao Superpibe, en vez de Nesquik, alegando que era perfectamente igual, y además, mucho más barato.

~

El cacao Superpibe no se disolvía nunca del todo en la leche: quedaban grumos en la superficie, imposibles de evitar.

~

Mis compañeros en general recibían la revista *El Gráfico*.
Nosotros, en casa, la revista *Goles*.

~

Antes de Argentina-Polonia, en el mundial '78, mi hermana y yo les preguntamos a la bobe y al zeide a favor de quién estaban.

Entonces ellos nos dijeron que no querían para nada a Polonia, porque los polacos habían matado a toda su familia.

～

Al cabo del mundial '78, mi papá compró un cassette con el relato de los goles de Argentina a cargo de Yiyo Arangio.

～

El jabón Cadum.
El shampoo Clinic.

～

Mis padres usaban dentífrico Kolynos.
Mi hermana y yo, Signal.

～

Jugaba: con mis abuelos y mi hermana, a la lotería.
Con mi zeide, al dominó.
Con mi papá, a las damas y al ajedrez.
Con mi hermana, al chinchón y a la escoba de quince.
Con mi mamá y mi hermana, al rummy.
Con mi abuela Dina, al culo sucio.
A todo me molestaba muchísimo perder.

～

Le hice creer a mi hermana (a la noche, en la oscuridad, antes de dormirnos) que esas manchas que aparecían delante de los ojos, eran Dios.

Le decía que la única manera de protegerse era taparse bien hasta arriba y dejar solamente la cabeza afuera.

Lo decía para asustarla, pero terminaba asustándome también yo.

～

Me acuerdo del mazo de naipes con imágenes de mujeres desnudas que tenía mi zeide.

Era antiguo.

Me acuerdo de haber pensado que esas mujeres debían estar ya muertas.

～

Gustavo, el hijo mayor de Hugo y Chela, amigos de mis padres, me mostró una noche en su casa una revista con fotos de mujeres desnudas.

En la lámina central, una mujer corriendo por el campo, totalmente desnuda, junto con un hombre que iba de jean.

El aire libre y el jean se me grabaron.

Mi papá tomaba soda y eructaba a propósito.

Mi mamá lo reconvenía infaltablemente.

～

El olor de la Plasticola.

～

Un día Néstor Frenkel me explicó que los cartuchos Parker no solo eran más largos, sino que tenían tanque de reserva, y que por eso duraban más.

～

Nada me daba más miedo que las arenas movedizas que se veían en Tarzán.

～

Mi papá se indignaba con el Tarzán de Ron Ely, porque hacía cosas como subir a un jeep y salir manejando.

Ante eso reclamaba al Tarzán de Johnny Weismuller, según él, el único verdadero.

～

Liliana, la secretaria de mi papá, me llevó con ella a ver una película de Sandro a un cine de Vicente López.

No me gustaba el Capitán Piluso. Pero lo veía, porque me daba pena Coquito.

～

Un día empezó el pudor. Entonces mis padres decidieron que mi hermana y yo ya no seguiríamos bañándonos juntos.

～

Mi tío Oscar me dijo que ese jeep que se había comprado era mi regalo de cumpleaños. Seis meses después, ya en junio, llegó el cumpleaños de mi hermana, y mi tío Oscar repitió el argumento.

～

El disco de Perla Caron era amarillo.

～

Me hacía sentir muy triste un jingle de Aerolíneas Argentinas que pasaban por la radio y yo escuchaba cada mañana desayunando en la mesada de la cocina.

＊

También me hacía sentir muy triste la música de presentación del programa "Videoshow", conducido por Enrique Llamas de Madariaga.

＊

Una discusión perdida. Mi papá me retó por decir malas palabras en la calle, mientras jugaba a la pelota, y yo alegué que "orto" significaba "suerte" y no era ninguna mala palabra.

＊

Cumpleaños de Leandro Rosenblum en una quinta, mis padres me llevaron en auto. Para dar muestras de independencia, voy corriendo hasta el lugar donde están mis compañeros.

Pero mis padres me siguen, se acercan, quieren despedirse de mí.

＊

A la noche, en casa, me preguntan si siento vergüenza de ellos.

La mujer biónica aparece en un capítulo de *El hombre nuclear*. No es la mujer biónica todavía.

Al final de ese capítulo, sufre un accidente y muere.

Yo me largo a llorar frente al televisor; entre otras cosas, porque comprendo que ya no voy a volver a verla.

No sabía que en verdad la salvarían, que la convertirían en biónica y que pronto empezaría otra serie con ella como protagonista.

⌇

Publicidades en las que trabajé: Terrabusi, papas fritas Bun, flan Ravanna, pantalones Lee, colonia Gellati, afeitadoras Gillette, jugos Pindapoy, revista Billiken.

⌇

La quinta del colegio David Wolfsohn en Don Torcuato. Lugar usual de salidas escolares.

Me gustaba ir, me entusiasmaba.

Pero apenas llegábamos, me quería volver.

⌇

Campamento en la quinta de Don Torcuato del Colegio David Wolfsohn.

Pasar la noche ahí, durmiendo en una carpa con algunos compañeros.

No parecía un mal plan.

Hasta que, en efecto, se hizo de noche.

∽

Los pantalones escoceses que mi mamá nos obligaba a usar a mi hermana y a mí.

Me picaban.

∽

Las poleras blancas que mi mamá nos obligaba a usar a mi hermana y a mí.

Me picaban.

∽

Los buzos con capucha y la leyenda "New York 44".

Nos encantaban.

Uno azul: el mío.

Uno rojo: el de mi hermana.

∽

Una gorra de jean, con visera, que usé durante todo un verano.

El zeide me llamó "Pochito", por ese motivo.

El apodo se desvaneció apenas dejé de usar esa gorra.

～

En un partido de dominó, le hice trampa a mi zeide. Al mezclar las fichas, me aseguré de que me tocara el doble seis, para así empezar el juego.

Con el tiempo advertí que eso no comportaba ninguna ventaja decisiva.

～

Discusión entre mi papá y el zeide.

Mi papá le reclamaba que no me dejara hacer trampa en los juegos.

～

Mi zeide jugaba al dominó narrando lo que pasaba: qué fichas salían, dónde se ubicaban.

Lo cual un día, no sé por qué, me enojó mucho.

～

Eddy y Cristina eran, entre los amigos de mis padres, mis preferidos.

Chela y Hugo, Mario y Julia, Jaime y Sarita: todos quedaban relegados respecto a ellos.

～

Eddy tenía un Citroën amarillo.

El techo de lona podía correrse.

Lo corrimos para asomar las banderas cuando me llevó al obelisco a los festejos del mundial '78.

～

En una visita de Eddy y Cristina a mi casa, pasé por primera vez toda una noche sin dormir.

～

Mi papá y Eddy compraron a medias una caja de cassettes con las nueve sinfonías de Beethoven dirigidas por Herbert Von Karajan.

～

Los hijos de Eddy y Cristina se llamaban Mariana y Pablo.

A Mariana le decían "Gogui".

～

El camping de San Antonio de Areco.

El río Areco.

Pescar en el río Areco.

Tocar los peces vivos, para sacarlos del anzuelo, sin que me diera asco.

Martín con su abuela Dina [enero 1968 - Castelar]

∽

El puente viejo de San Antonio de Areco.

Cerrado al paso, por peligro de derrumbe.

Miedo de que el puente se cayera solo.

Sobre todo de noche.

A pesar de la explicación de que si nadie lo cruzaba, eso no iba a pasar.

∽

El día en que mi papá me pegó, más que nada en la espalda, con un metegol de madera que yo tenía.

Me dolían los golpes, pero también darme cuenta de que el metegol se estaba rompiendo.

Apenas pude, me fui a lo de Eddy y Cristina. Vivían a tres cuadras. Enterados de lo que había pasado, me prepararon queso y dulce.

∽

Un debate entre Cristina y mi papá: si era posible o no la amistad entre el hombre y la mujer.

Mi papá era el que sostenía que no.

Los argumentos que esgrimía dejaban ver que ella un poco le gustaba.

La vuelta desde San Antonio de Areco: en la parte de atrás de la camioneta Peugeot, metidos en las bolsas de dormir.

No aprendí nunca a silbar.
Tampoco a hacer globos de chicle.
Tampoco a mezclar las cartas en el aire.

La revista *Billiken*, para mí.
La revista *Anteojito*, para mi hermana.

Mi papá compraba la revista *Status*.
Como era un poquito erótica, me habían prohibido mirarla.

Las tumbas, de Enrique Medina.
Puesto en un estante alto, porque no debíamos leerlo.
La tarde en que me trepé al mueble y lo agarré.
Lo hojeamos con mi hermana, buscando las partes con malas palabras.

A mi mamá le gustaba Demis Roussos.

～

Gabriel vivía algo lejos en el barrio, pero venía a jugar con nosotros en la cuadra. Nos llevaba algunos años. Le decíamos "Tula Magula". Y después, "el Tula".

～

Mi mamá no quería que me juntara con el Tula, porque decía que tenía un retraso.

～

El Tula cantó un día *We will rock you*, de Queen. A mí me gustó tanto, que pedí que me compraran el disco en el que venía esa canción.

～

Mis dos primeros discos: *News of the world*, de Queen; y *Some girls*, de The Rolling Stones. Había escuchado *Miss you* en la radio.

～

Mi bobe adoraba a Julio Iglesias.

∽

Mi abuela Dina tomaba clases de folklore en el San Martín.

∽

Había un disco de Sandro en casa.
Yo lo ponía en el Winco y bailaba como él.

∽

Me gustaba Gachi Ferrari. La veía con el Topo Gigio.

∽

El disco de Titanes en el Ring.
La canción de Martín Karadagián.

∽

La noche del oscurecimiento de Buenos Aires, porque se venía una guerra con Chile.
Mi temor de equivocarnos y dejar alguna luz prendida.

∽

No nos dejaban ver las películas de Disney.
Según mi mamá, no eran para chicos.

～

Al cine con mi abuela Dina.

Las películas de los hermanos Charles. Las películas de Pierre Richard.

～

La tía Miriam nos llevaba al cine también.

Pero solamente al Select Lavalle, donde trabajaba el Chono, un conocido suyo que nos dejaba pasar gratis.

No podíamos elegir la película.

～

La tía Miriam viajaba mucho.

Contó una vez de las playas nudistas de Europa.

Dio a entender que ella había ido.

～

La perra de mi tía Miriam se llamaba Petunia.

Quedó tuerta.

Se golpeaba con las cosas durante los primeros días.

～

Mi primo Jorge no contó que, contrariamente a lo que podía suponerse, el ruido de los motores apenas si se escuchaba desde adentro del avión.

Un mes en cama, por una neumonía.

Autorizado a estar, durante el día, en la cama de mi mamá y mi papá.

～

De la colección de autitos, uno en especial: el de Starsky y Hutch.

～

Una ida al circo, en Parque Las Heras, con mi abuela Dina y su segundo marido.

～

Vamos a ver a Pipo Pescador.

Después, larga fila para la firma de autógrafos.

La sesión de firmas se dio por concluida antes de que nos tocara a nosotros. No alcanzamos siquiera a verlo.

～

Un festejo del cumpleaños de mi hermana en el Teatro General San Martín.

＊

Un festejo del cumpleaños de mi hermana en el Club Municipalidad.

＊

Festejo conjunto de mi hermana con una compañera de grado que cumplía años el mismo día.

Dos discos de regalo, para que ellas eligieran: uno de Los Beatles y uno de Los consagrados, con temas de Silvana Di Lorenzo, Bárbara y Dick, Ricardo Cocciante, etc.

Mi hermana eligió "Los consagrados" y le dejó el otro a su compañera.

＊

Yo reprobé su elección. Pero después no podía parar de escuchar, a repetición, con fanatismo, *Bella sin alma* de Ricardo Cocciante.

＊

También escuchaba una y otra vez una misma canción de Roberto Carlos: *Palabras*.

El disco era de mi mamá.

Me gustaba Adriana Vegh, compañera de grado de mi hermana.

⌇

Teléfono público de la farmacia de Manuela Pedraza. Mi hermana iba a llamar a Adriana Vegh para saludarla por el cumpleaños.

La acompañé. Me pasó el teléfono. La saludé yo también.

⌇

Adriana Vegh cumplía años en enero, igual que yo.

⌇

El padre de Adriana Vegh tenía un Fiat 1500 color beige.

⌇

El segundo nombre de Adriana Vegh era Esther.
El segundo nombre de Dorita Stiberman era Luisa.
Marian se llamaba María Ángela.
Mariquel se llamaba María Raquel.

Un juego en una fiesta del colegio.

Cada chico tenía que hacer una lista con las tres chicas que más le gustaban. Cada chica lo mismo, pero con los chicos.

Yo puse primera a Dorita Stiberman, segunda a Adriana Reichler.

Dorita lo puso primero a Néstor Frenkel, segundo me puso a mí.

～

No me acuerdo de los terceros.

～

Dorita era cordobesa. Hablaba con un poco de tonada.

～

Cumpleaños de Néstor Frenkel.
Se hizo un juego, gané yo.
El premio: un merengue de dulce de leche.
El dulce de leche me gustaba, pero el merengue no.

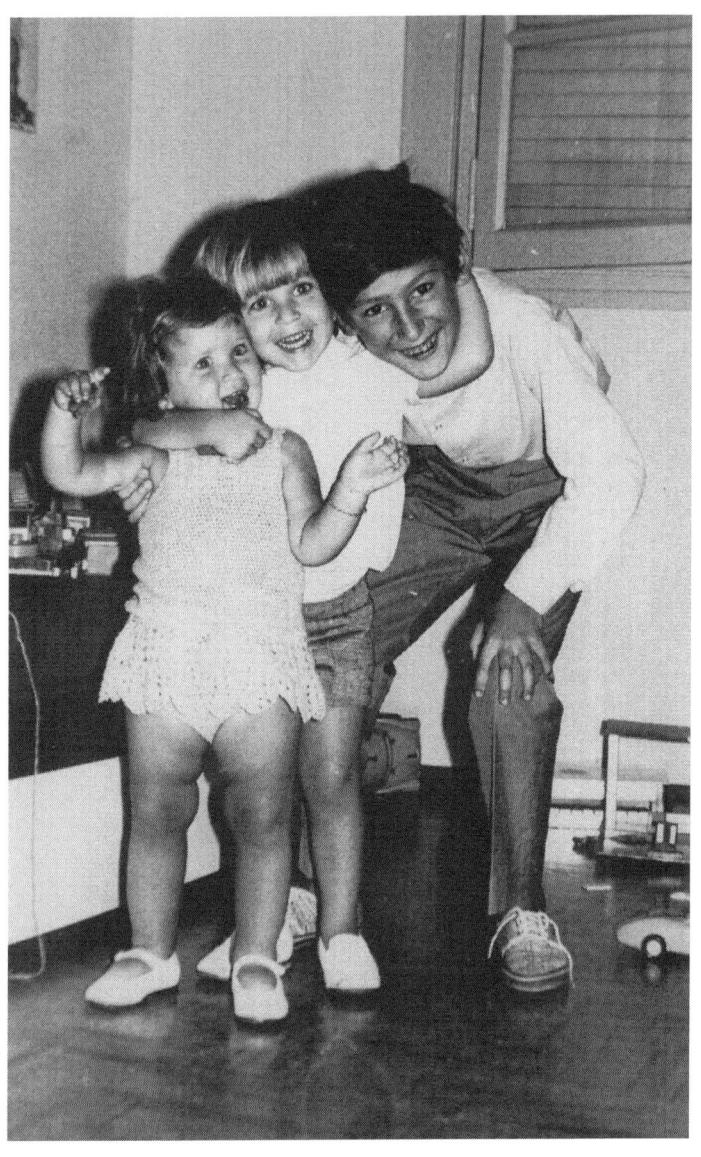

[1971]

∽

Al terminar séptimo grado, nos sacaron fotos grupales e individuales. Y nos dieron tres copias de las fotos de las individuales, para que le regaláramos a algún compañero.

Dorita Stiberman me regaló una de las suyas, firmada y dedicada en el envés.

∽

Adriana Vegh, Marian, Mariquel; eran de Boca.
Dorita Stiberman, de Talleres de Córdoba.

∽

El padre de Eddy tenía abono a platea en Boca.
Mi tío Jacobo, en Atlanta.

∽

Una tarde en La Serranita, los grandes dormían.
Mariquel decidió quemar las cartas de su mamá, que había muerto hacía poco. Dijo que lo hacía porque a su papá lo ponían mal.

La vaga sensación de que no estaba bien lo que hacía.

Mi hermana me dijo más tarde que a ella tampoco le había parecido bien.

Vivíamos en planta baja, a la calle.

En el piso de arriba, una alemana: Carlota.

Un día, nos tiró un baldazo de agua desde su balcón, porque jugábamos a la pelota y gritábamos.

Al cine con la tía Miriam: siempre con Sugus confitados.

Apretar el celofán del envoltorio de los chocolatines Jack, para tratar de adivinar cuál era el muñequito que traía de regalo.

El tío Jacobo y la tía Teresa viajaban a Brasil, habían viajado a Europa.

En su casa, había cosas importadas.

Mi abuela Dina hizo un viaje en barco a Paraguay, con dos amigas: Sara y Olga.

El segundo marido de mi abuela Dina tenía un Valiant.

La llevaba a pasear. Ella, feliz.

Pero a poco de casarse, lo vendió.

∽

Le dije un día a mi abuela Dina que no quería que se casara con él.

Tiempo después, cuando decidió separarse, me dijo que yo le había avisado.

∽

Chupar los confites Sugus hasta hacer que la cobertura se ablandara.

Contenerse, no morderlos antes.

∽

Lo mismo con los chicles Adams.

∽

La alfombra negra en el comedor de mi casa.

Estaba prohibido pisarla.

⌒

Las camas marineras que pusieron en la pieza que compartíamos con mi hermana.

La mía fue la de arriba.

Una noche, dormido, me caí.

⌒

El autocine de la General Paz.

El control ahí era más laxo. Se podía pasar, aunque las películas fueran prohibidas para menores de dieciocho años.

⌒

En el auto; mi mamá y mi papá (adelante); mi hermana y yo (atrás).

En la pantalla inmensa del autocine, el primer plano de una mujer desnuda, en la ducha.

⌒

Mi admiración total por Roger Moore.

Como *El Santo* estaba siempre de traje, yo empecé a abrocharme las camisas hasta el botón de arriba.

El argumento de mi papá: que sin ponerse una corbata, hacer eso no tenía sentido.

La solución al tema: en *Dos tipos audaces*, Roger Moore aparecía con ropa más informal. Con chomba a menudo, o bien con camisas que por cierto no se abrochaba hasta el botón de arriba.

Roger Moore en *Dos tipos audaces*: a veces con pañuelo al cuello.

Mi papá usaba pañuelo al cuello también, en ocasiones.

A mí ni se me ocurrió hacerlo.

Roger Moore como agente 007.

Aunque mi papá sostenía que el verdadero era Sean Connery.

De Kojak, el chupetín.

De Columbo, el defecto en la vista.

De Roger Moore, la ceja izquierda alzada.

La rubia de ABBA.

Su vestido un poquito entreabierto, en la tapa de *Voulez-Vous*.

⌒

De *Los Ángeles de Charlie*, Cheryl Ladd.

Mi decepción cuando tocaba un capítulo con Farrah Fawcet Majors.

⌒

El primer álbum de figuritas que pude completar.

El premio: una pelota número cinco, de cuero.

Regreso a casa, con la pelota, después de haber hecho el canje.

La sensación de que habría preferido quedarme con ese objeto único, tal vez irrepetible, imposible de comprar: un álbum lleno.

⌒

Publicidad para una discográfica.

Me hicieron posar desnudo.

Cubierto solamente por un disco, de esos que se llamaban simples.

⌒

Mi abuela Dina a veces usaba pelucas.

〜

Pedirle a la bobe que dijera "huevo", nada más que para divertirnos al ver que no le salía.

〜

Mi zeide hacía guantes industriales.
El olor del cuero en el taller.

〜

El hobby de mi zeide: la relojería.
Relojes de pared, especialmente. Con campanadas.

〜

Los relojes de pared de mi zeide no estaban bien coordinados, sonaban a destiempo. Eran varios.

〜

El padre de Adriana Vegh se llamaba Mario.

〜

El número de Adriana Vegh figuraba en la guía telefónica, bajo el nombre de Mario Vegh. Ahí figuraba también su dirección.

～

No así Marian, porque vivía en Lanús.

～

A veces, a la noche, si estábamos por Libertador, veíamos pasar al Presidente de la Nación en el auto oficial, camino de la Quinta de Olivos.

Las motos policiales le abrían el paso.

～

Yo siempre creía haber visto al presidente dentro del auto, pero en verdad no estaba seguro.

La primera vez mi papá me aclaró que el presidente iba sentado en el asiento de atrás, que no era el que manejaba.

～

Mi desconcierto al enterarme.

Para mí, el que manejaba era el que mandaba.

～

Durante unas vacaciones en Córdoba: mi tremenda necesidad de ser el primero en levantarme. Mi frustración al despertarme y ver que mi hermana no estaba en su cama, que se había levantado antes que yo.

La muerte del padre de Nita, la vecina del fondo.

Mi mamá nos dijo a mi hermana y a mí que teníamos que ir a saludarla.

Nita nos abrazó y nos dijo: "Mi papá ya está en el cielo". Yo pensé que no era así, pero que no había que decirle nada.

$\backsim$

Los chipás que hacía Nita.

Su familia era de Chaco.

$\backsim$

Un pariente de Héctor, el marido de Nita, era integrante de Los Chalchaleros.

$\backsim$

Mi papá se compró un bombo.

$\backsim$

La muerte de Troilo: su velatorio, transmitido por televisión.

La muerte de Perón: nos llevaron hasta la Avenida Lugones, a ver pasar el cortejo fúnebre.

∾

Un amigo de mis padres, Hugo Cancio, corría carreras de cafeteras.

∾

Busqué en la guía telefónica direcciones de jugadores de Boca.

Encontré la de Pancho Sa. Era en Belgrano.

Me fui en bicicleta hasta su casa, me senté en la puerta a esperarlo, lo vi entrar cuando llegó.

∾

La muerte de Mónica Jouvet.

Yo la veía en televisión, en el programa "Teleshow infantil".

Seguir viendo, siempre en la televisión, a sus padres: Maurice Jouvet y Nelly Beltrán.

～

Mi papá, con el programa de Olmedo, se reía hasta las lágrimas, repitiendo para sí las frases que más gracia le hacían.

～

Mi primo Jorge imitaba a Quico.

～

El juego de asomarse a la ventana y contar los autos que pasaban, según su marca.

Ganaba el primero que llegaba a cien.

Yo por lo general elegía Ford.

La tía Miriam, Fiat.

Mi hermana siempre elegía Rambler. Con lo cual, no solamente perdía, sino que se aburría mucho.

～

Mi hermana solía dejar los juegos por lo mitad.

Yo le advertía que, en ese caso, iba a perder por abandono; pero a ella no le importaba.

A mí me enfurecía que no le importara.

∾

Mario Mikiej, amigo de mis padres, tenía un Siam Di Tella.

∾

El día que vi a Cristina llorando, desesperada.

Se habían llevado a Eddy, por averiguación de antecedentes.

Yo no entendía por qué, si no había hecho nada, como me dijeron, estaban todos tan preocupados.

∾

Soltaron a Eddy al día siguiente.

Decidió afeitarse la barba.

∾

Eddy tuteaba a mi tío Jacobo.

Mi mamá y mi papá, en cambio, lo trataban de usted.

∾

Camino a la quinta de Don Torcuato del colegio David Wolfsohn, el micro pasaba por la fábrica de mayonesa Fanacoa.

Entonces todos cantaban el jingle de la publicidad, pero adaptándolo a mi apellido.

Nunca supe si me gustaba o no me gustaba que eso pasara.

∽

Mi papá se quejaba a veces de que, teniendo tanta plata como tenía, Mario Mikiej no se comprara un auto mejor que un Siam Di Tella.

∽

Otro tanto con mi tío Jacobo y su viejo Ford Falcon.

∽

El día que encontramos una perrita perdida y la llevamos a mi casa.
Yenny, nuestra perra, se lo tomó muy mal.
Yo trataba de calmarla.
Por suerte apareció la dueña de la perrita y se la llevó.

∽

Mi remordimiento de días, porque por un momento pensé en quedarme con esa perrita, en lugar de Yenny.

[1972]

⌒

Tuvimos un hámster: su pecera, su ruedita, su aserrín.

Pero mi hermana un día le dio de comer un pedacito de manzana; el hámster se atragantó y se murió.

⌒

En el shil de Julián Álvarez.

Entrar solo: mi papá se quedaba en el auto, fumando; mi hermana y mi mamá iban a la parte de arriba, la de las mujeres.

Buscar a mi zeide entre todos los viejos que rezaban.

Confundirlo varias veces con otro, hasta dar por fin con él.

～

Durante mucho tiempo pensé que el logo de Terrabusi era una calavera de perfil.

～

Aprendí a dibujar a Clemente.
También a copiar la firma de Caloi.

～

El jingle de "Proveeduría Deportiva" que pasaban en los entretiempos en la cancha de Boca.

～

Mi papá de chico había boxeado.
Tenía una anécdota con Pascualito Pérez.

～

Los chicles Adams de mentol picaban demasiado.
Los de menta eran mi límite.
Los de tutti frutti, los únicos que de veras me gustaban, aunque comía de los otros también.

～

Discusión entre mi mamá y mi papá, porque mi papá me dio a probar un cigarrillo.

Jugaba al elástico, aun sin mi hermana.
Usaba una silla.

Repetir la técnica de resolución del Senku, hasta lograr mecanizarla.

En mi casa, con el legítimo yo-yo Russell.
La sensación de jugar muy bien, que duraba hasta que iba al colegio y veía jugar a otros.

El columpio nunca me salió.
Tampoco en mi casa.

La difícil en la payana: la del seis.
Llevar cada uno de los dados debajo de una mano, colocada como si fuese una araña.
Y después, recogerlos todos de una vez.
No es que no me saliera, pero requería varios intentos.

∽

Discusión perdida, con mi hermana.

Jugando al tutti frutti, en la columna "Marcas".

Yo decía que los yogures eran "Lilolay". Y no "Ilolay", como pretendía ella.

∽

Mi bicicleta amarilla era una "Irupé".

Marca ignota, pero que me servía para el tutti frutti en la columna "Marcas".

∽

La sensación en la palma de la mano o en la punta de los dedos, al apretar la cápsula del dado en el "Ludo Matic".

∽

En casa: Villa del Sur, y no Villavicencio.

∽

La noticia de que los sifones de soda podían llegar a explotar.

El secuestro de mi hermana, un domingo en lo de la bobe y el zeide.

La llevamos con Néstor Frenkel al taller donde se hacían los guantes y la dejamos atada ahí.

Volvimos al comedor y le pedimos el rescate a la familia.

Lo pagaron, y mi hermana fue liberada de inmediato.

~

El día en que descubrí que todos los nombres de *Hijitus* eran motivados.

El día en que descubrí que todos los nombres de *Los Autos Locos* eran motivados.

El día en que descubrí que en *El Súper Agente 86* la lucha era entre "Caos" y "Control".

~

El día en que me explicaron que los riñones no estaban en la cabeza, que era un chiste de Carlitos Balá.

~

Tampoco nos dejaban ver las novelas de Andrea del Boca.

～

Alfred, el mayordomo de Batman, me daba un poco de pena.

～

A la bandera argentina de los cuadernos Gloria, le pintaba la franja blanca de amarillo.

～

Se me rompió la parte de atrás de un camión Duravit, aunque eran irrompibles.

～

Mi hermana le reveló a Fabiana Deserio, su amiga de la cuadra, que los bebés no se hacían metiendo una semilla en el ombligo, sino cojiendo.

La mamá de Fabiana Deserio vino a mi casa a quejarse. Discutió un poco con mi mamá.

～

Había algo que me perturbaba en las trillizas de oro, y no era que fueran trillizas.

~

No entendía por qué el Ford Falcon no era el mejor auto de todos, si era el de la policía.

~

Me resultaba más comprensible que las motos fueran BMW. Según mi papá, óptimas.

~

Una caja de fósforos del JJ, en mi casa.

~

Una nota en la revista *El Gráfico* sobre futbolistas que habían muerto en la cancha.
Venía con fotos.

~

El parche en el ojo de Moshe Dayan.
La explicación: que es que no tenía el ojo.

~

Mi papá se enojaba con la manera de boxear de Víctor Emilio Galíndez.

Mi papá se enojaba con el tango bailado en estilo moderno.

Mi papá se enojaba con los que fumaban sin tragar el humo.

La foto de la hermana de la bobe, expuesta en una vitrina.

Había muerto en Polonia durante la guerra.

El relato familiar: que era de ella, antes que de la bobe, de quien el zeide estaba enamorado.

La noche en que mi papá me llevó a la inauguración del café de un amigo y estuve hablando con Carmelo Faraone de un gol que había metido Apariente.

En mi casa había un disco simple de Los Wawancó, otro de Katunga y otro de un grupo llamado Lechuga.

~

Mi hermana prefería el Sandy de chocolate y yo el Sandy de vainilla.

Después salió el de dulce de leche.

~

Con un muñeco bebé de mi hermana, yo a veces jugaba.

Incluso le puse nombre.

Queremos hacer libros
cada vez mejores, para eso
necesitamos saber qué pensás.

Envianos un mail y contanos lo
que pensás sobre este libro
info@edicionesgodot.com.ar

O respondé una breve encuesta:
bitly.com/edgodot

Libro compuesto
en tipografía Stempel
Garamond 11/14 creada por
Claude Garamond en el siglo
XVI en Francia, versión de la fun-
dición Stempel en 1924. Notas
al pie compuestas en 10pt y
títulos en Helvetica Neue
en 22pt.

www.edicionesgodot.com.ar
info@edicionesgodot.com.ar
Facebook.com/EdicionesGodot
Twitter.com/EdicionesGodot
Instagram.com/EdicionesGodot